AF283954

Pan de harina de palabras

1969-2019
ENTRE LIBROS
EN LA CIUDAD DE MÁLAGA

ediciones
del Genal

©*Juan de Dios Martínez Labrador*

Autor: *Juan de Dios Martínez Labrador*
Título: *Pan de harina de palabras*
Edita: *Promotora Cultural Malagueña*
Coordina: *Ediciones del Genal*
Colabora: *Librerías Proteo y Prometeo*

Depósito Legal: *MA.2017-2024*
ISBN: *978-84-10114-661*

Impreso en España / Printed in Spain

Pan de harina
de palabras

*A la generación de mis
padres, que vivieron
una guerra, una posguerra,
y en tiempos muy
difíciles, consiguieron
dejar a la mía un
mundo mejor que el de ellos.*

Pan de harina de palabras

PREFACIO

«Juande, ve a la tahona y que te dé María la masa de pan para las sopaipas».

Estas palabras sonaban en la voz de mi madre los domingos de mi infancia, recién levantado, y eran el preludio de la fiesta de ir cogiendo trozos de masa, aplanarlos con el rodillo de madera, cortarlos en rectángulos no muy grandes que, al echarlos a la sartén se iban abriendo y una vez fritas pasaban a un plato con azúcar que hacían las delicias de los cuatro hermanos y nuestros padres y era el mágico festín de empezar el único día que en mi familia era de descanso del negocio familiar. La magia de esos momentos es tan poderosa que perdura en el tiempo y aún contagia el presente de su sabor, sus risas, y su inocente saber de carpe diem.

La vida me ha da tanto, desde que nací, que sólo puedo estar agradecido a ella. Nací en la parte del planeta donde es raro pasar hambre, hijo de unos padres que, si los hubiera elegido, no los hubiera tenido mejores, y con unos hermanos que, a día de hoy, nos seguimos teniendo un cariño indestructible. He podido ganarme la vida con mi bandurria y mi violín, cosa casi milagrosa en mi época y que convirtió mi trabajo, a pesar de muchísimas dificultades, en una bendición en lugar de una condena social.

Hoy, en una época de mi vida en la que, jubilado, tengo el regalo adicional de ser el dueño absoluto del tiempo que me quede en este barrio, de poder decir sí, si quiero y no, si no quiero y, tras una época muy difícil en la que, por problemas físicos no podía seguir tocando, el pájaro cantor que me habita el alma cambió el sonido de mis cuerdas por el de las palabras, cuando se las trata desde su musicalidad sonora para tratar de contar un sentimiento, describir algo que me ha llenado de alegría o amargura, o el éxtasis de la simple contemplación de la belleza.

Cuando buscaba qué nombre darle a esta recopilación de mis últimos poemas, me vinieron al recuerdo esos desayunos con sopaipas de mi infancia. Quizá porque al componer cada uno de ellos he tenido la sensación de estar amasando palabras, como hace el buen panadero artesano con la harina, el agua, la sal y la levadura natural de la masa madre.

En mi caso, las palabras me han dado su harina; mis experiencias vividas, su manantial de agua; mis ganas de hacerle frente a cada sinsabor grande de la vida, su sal y, mi sentimiento poético, su masa madre indispensable en ese proceso. Y, al igual que el panadero da a la masa su forma de panes, piquillos u hogazas antes de llevarla al horno, yo le he dado a esa masa la forma poética de la décima espinela, el haiku y el soneto, que están siendo la escuela principal de desarrollo de mi sentimiento poético.

Y como todo ese proceso se hace con las manos del cuerpo y las del alma, tenía claro que quería que todos los poemas de este libro apareciesen en él manuscritos. Sé que soy un simple aprendiz, pues he podido leer e incluso conocer personalmente a algunos de los que considero auténticos y enormes poetas. Pero creo que es bueno que cada uno aporte lo poquito de bueno que pueda tener en este ámbito. Si un solo verso mío conmueve un poco a alguien, tendrá sentido éste mi segundo poemario.

Juan de Dios Martínez Labrador

Pan cateto decimal

La poesía es candela
que abrasa, funde y transforma
la ruindad de cualquier norma
que quite viento a una vela,
dejando detrás su estela
de sendero aún no andado.
Pendenciera, lanza el dado
de su utopía al destino
y, por sembrar trigo y lino,
mete en la tierra su arado.

Sonido y luz, vibración
de la bemol o de azul,
con tacto de lino o tul
y pulso de corazón.
Ambos son una canción
de una belleza encendida
que, cual pócima de druida,
es su magia el mejor vino
para andar por el camino
misterioso de la vida.

Cuando se va el sol, el día
se empieza a vestir de noche.
Sus telas son un derroche
de ritmo, luz y armonía.
Tiene un chal que es melodía
de pájaro en pleno vuelo
y antes de ponerse el velo,
es, de infinitos fulgores,
un inventor de colores,
sobre el mar y el monte, el cielo.

De lluvia, una sinfonía
nos regala a los oídos
el cielo y agradecidos
estamos a su armonía.
Fuego y luz su melodía
de relámpago furioso.
Y después el poderoso
trueno, con su percusión,
nos encoge el corazón
con su tronar misterioso.

Palmera altiva que hacia el cielo subes,
al tiempo que a la tierra vas bajando
tus raíces que en ella van buscando
acuíferos que otrora fueron nubes.
Tu cabellera es ramo de uves
de palmas a los vientos resistentes.
Te anuncia primavera las simientes
que alberga cada flor en su pistilo
y otoño, con su aguja y con su hilo,
de dátiles, te borda unos pendientes.

Rúbricas de Poseidón
de espuma blanca, las olas,
son bailando, caracolas
en su danza y en su son.
El viento les da su don
de líquido movimiento.
Lo mismo que hace el sarmiento
que en la vid con uvas firma
y así a la vida confirma,
de estar vivo, su contento.

En un nido yo nací
de dos hermosas cigüeñas
y de allí volé por peñas,
vegas y mares y vi
que no hay maravedí
que compre tiempo perdido.
Envuélveme en tu vestido
sin miedo, soy una espora
que cuando llegue su hora
morirá de haber vivido.

Luna hoy, junto a una estrella,
se va acercando a su tumba.
No tiene miedo, se tumba
sobre su montaña bella.
Ella le hará con su huella,
cuando el sol la noche acabe,
un espacio donde cabe
todo su amor y su empeño
y el ancho mar de su sueño
lo surcará con su nave.

Corre el tiempo sin demora,
sin compasión ni descanso.
Sin darnos ningún remanso
la juventud nos devora.
Su tesón la piel decora
de arrugas y cicatrices.
Pero seguimos, felices
de tener otro segundo,
dándole al árbol del mundo
agua para sus raíces.

Felicitación de cumpleaños
para las amigas.

Tenga una flor cada día
del año que hoy comienzas.
Tenga amor y tenga trenzas
de niña con rebeldía.
Tenga el sabor que tenía
un beso de padre o madre.
Tenga el tesón que taladre
lo imposible y lo haga cierto.
Tenga de dicha un concierto
y del cariño el encuadre.

Felicitación de cumpleaños para los amigos.

Tiene un tesoro la vida
que brilla más cada año,
niñez se llama y su paño
nos envuelve y no se olvida.
Es mágica y atrevida.
huele a madre, a su corpiño.
Hoy por eso mi cariño
va hacia ti y en su paseo
te lleva de mí un deseo:
¡cuanto más viejo, más niño!

No se rinde el corazón
en su palpitar constante,
ni se detiene un instante
en su trabajo el pulmón.
No cabe la desazón
ante la supervivencia.
Estar sordo a la conciencia,
renunciar a la alegría,
no defender tu utopía,
es, de muerte, una sentencia.

A Isidro Fernández, cantante
y repentista del fantástico grupo
puertorriqueño Mapeyé.

Quisiera mi corazón
para celebrar tu vida
poder cantar la medida
de tu humana condición.
Tu voz le da bendición
al alma que pena y llora.
Suena y su cadencia explora
la raíz del sufrimiento
y su son es con tu aliento
guanábana sanadora.

A mi querido amigo Javier Puche,
por la pérdida de su padre, el
grandísimo Paco Puche, creador de
la Librería Proteo de Málaga.

Sé del dolor de perder
al mejor padre del mundo
y del vacío profundo
de ya no volverlo a ver.
Mas ahora, por doquier
va resonando su son.
Con ramitas de su don
de hombre cabal sigue haciendo,
para en mí seguir viviendo,
su nido en mi corazón.

Ser amable y disfrutar,
si con eso no bastara,
esparcir aroma a jara
y otro mundo imaginar.
Ser amable es el lagar
de las uvas del amor,
las que con sólo su olor
convocan a la alegría,
trocando con su osadía
muerte en vida y pena en flor.

Sabe bien naturaleza,
mucho mejor que el humano
qué es esencial o es ufano,
qué es fealdad o es belleza.
Vida, la más justa jueza,
dicta sentencia y proclama:
Humano no tenga llama
si no cultiva madera,
tiéndale muerte su estera
si a Madre Tierra no ama.

Al señor Francisco Salado, por la
barbaridad cometida en La Cala
del Moral al talar los más de
ochenta árboles de la avenida principal.

Señor alcalde, excelencia,
ilustrísimo Salado;
las moreras que ha talado
gritan muy fuerte su ausencia.
Sepa usted que la conciencia
colectiva de una tierra
donde la moral se entierra
está escuchando ese llanto.
Natura será su espanto
cuando le gane esa guerra.

A Mercedes González, Carlos López y David
Bollero, que durante cinco años no hicieron
el precioso regalo de la librería-cafeterí
La Mínima.

I

Mercedes, Carlos, David,
con un libro y una flor
brindemos hoy con amor
y vino de buena vid.
Valientes, en buena lid,
regalásteis fantasia.
La Mínima, librería
que ofreció un lugar de encuentro
con la cultura en el centro,
aun canta su melodia.

II

Viene su recuerdo y vuela
con alas de libro abierto,
mi corazón a ese puerto
de mi chalupa y su vela.
Lugar que creó una escuela
de buen hacer en cultura.
A los que en esa aventura
se embarcaron mi ser quiere
dar mil gracias, pues no muere
lo que en el alma perdura.

Dos décimas utópico-ilusas
de confinamiento

I

No será tan poderoso
caballero Don Dinero
si un virus muy pendenciero
le da un zarpazo de oso.
El pánico inunda el coso
y el oropel se derrumba.
A ese vil metal que arrumba
a una existencia patética,
una justicia poética
pone epitafio en su tumba:

II

Aquí yace aquel que fuera
dueño y señor del humano,
el que cegó con su mano
la luz de la sementera.
La vida hizo prisionera
de su vil juego trilero,
y al fin dio muerte el acero
de un existir luminoso
al que fuera poderoso
malnacido Don Dinero.

Amor

Palmera sabe de vientos,
al igual que marinero.
Rico sabe de dinero,
infancia sabe de cuentos.
Pulmones saben de alientos,
jazmín es sabio en olor.
De belleza sabe flor,
cielo sabe bien de estrellas.
Yo tan sólo sigo huellas
que quizá sepan de amor.

Esperanza

I

Si esperanza es esperar
algo que no está en mi mano,
es falaz, pero es humano,
me lo debo perdonar.
No necesita contar
con mi permiso la flor,
para tornar el dolor
que me provocó su espina,
en una perla marina
cuando me inunda su olor.

II

Si está en mi mástil la vela
del bajel en que navego.
Sea el viento brisa o fuego,
su fuerza atrapa la tela.
En el mar prima la escuela
de gestionar cada viento.
Si esperanza es darle aliento
a sortear cada ola,
entonces sí su farola
me orienta al rumbo que enfrento.

III

Se dice que es la esperanza
lo último que hay que perder
y tal vez debiera ser
motor que el valor afianza
desde el principio, y su lanza
logre así matar la fiera
de un sistema que echa fuera
todo aquello que no es oro
y volvamos al tesoro
de llevar trigo a la era.

Tan grande, tan poderoso
es el amor maternal,
que ni la muerte fatal
ciega su ser luminoso.
Siento su amor generoso
creciendo en el alma mía.
Ahí perviven su valía,
su cariño y su ternura
¿No es esa la sepultura
que cualquier madre querría?

Libertad, palabra bella
donde las haya, su son
es de luz, su corazón
tiene pálpito de estrella.
Es en el camino huella
de matriarca elefanta.
Tan sólo seguirla espanta
la sed, pues sabe del agua,
dónde está y dónde su fragua
templa su magia que encanta.

Biznaga

El jazmín que yo cuido, cada día
me regala olorosos besos blancos
que me llevan, a trote de potrancos,
por senderos de infancia, a la alegría.
Su olor tiene la magia y la osadía
de matar la tristeza con su daga.
La natura en su flor es una maga
que hasta a un cardo silvestre le transforma,
con los pétalos blancos de su horma,
su pinchos dolorosos en biznaga.

Fue pasión irrefrenada,
hoy es ternura infinita.
Ningún nubarrón le quita
fulgor a esa luz dorada.
Vino hoy a verme un hada
para hablarme del amor.
No le temas al dolor,
le susurró a mi destino
que la vida es el camino
que va de semilla a flor.

I

Decir que invertir en paz
es comprar más armamento,
se evidencia en un momento
como argumento falaz:
es como a un fuego voraz
inyectarle gasolina.
Paz es bellota en encina,
agua en sed, sustento en hambre,
es la miel de un sabio enjambre
y es nido de golondrina.

II

La paz es que cualquier guerra
sea igual de condenada,
no informada o silenciada
según quien a ella se aferra.
Por la vega o por la sierra
transita el mismo camino,
el del amor y el destino
compartido con nobleza,
el de la pura belleza,
el de brindar con buen vino.

III

Educar en la nobleza,
para la paz es urgente,
no en una lucha indecente
de poder, ego y riqueza.
La madre naturaleza
nos da el agua cuando llueve.
Sin su humedad ni su nieve
será un desierto la Tierra.
Maldita sea cualquier guerra,
maldito quien la promueve.

¿Futuro?

I

Habrá, si sobrevivimos,
un día en el que dirán
que hubo un tiempo en que el afán
de poder, riqueza, timos,
se propagó como limos
en un sucio lodazar
que convirtió en un bazar
la pura supervivencia,
que hasta la humana conciencia
se vendía en ese algar.

II

En aquel tiempo, dirán
estaba en venta la tierra,
el agua, el sol y la guerra
se hacía en lugar del pan.
El dinero era el Corán
y la Biblia de una vida
con la dignidad perdida
a golpe de metralleta
y la salud del planeta
sangraba por esa herida.

III

Si ese día ha de llegar,
será de haber aprendido
que ningún ave sin nido
podrá algún día volar.
Y un nido tiene que estar
de ramitas de amor hecho,
donde el calor de un buen pecho
incube una nueva vida
con la pasión encendida
de amantes en un buen lecho.

Unos piquillos

Riega semillas
y arranca malas hierbas.
¡Quien fuera haiku!

Come en mi mano,
hoy me cuenta la vida
un gorrión.

Con parto y sangre
nace una nueva vida,
de un pezón mama.

Hoy mi jazmín,
con su blanco perfume,
ha florecido.

Un ruiseñor
en la noche dormida
canta despierto.

Tiene la noche
una luz cegadora,
callo, la escucho.

Se ha puesto el sol,
jugando a hacer cabriolas,
pájaros vuelan.

Despuntó el día,
yo fingí que dormía,
no lo engañé.

Cuando el levante
arrecia con su viento,
las olas arden.

Un mar de luz
sobre el que está flotando
una montaña.

Mirando al sur,
de oeste a este veo
olas y azul.

Nubes oscuras
y por un hueco entre ellas
se cuela el sol.

Por el camino
voy conociendo gente,
son mi destino.

Es luna llena
y luz le da a la noche
del sol ausente.

Mágica luna
que a los humanos canta
nanas de luz.

Callo, respiro,
sólo un paso tras otro
por el camino.

Le da a la vida,
cerrar al sol los ojos,
color naranja.

Como la luna,
el sol pinta en el mar,
de luz, su senda.

Chiquitas olas,
rumor de mar en calma
mi sueño acuna.

Con sol o nubes,
cada día su luz
que me alimenta.

La luz del sol
dibuja sobre el mar
estrellas de agua.

Es el sonido
del caño de la fuente,
rumor de vida.

Amor gigante,
más que tiempo y espacio,
luz en diamante.

Canta una niña
feliz una canción,
ríe la vida.

Surco de arado,
la semilla en la tierra
parece muerta.

Te doy mi mano,
la acoges en las tuyas
y nace mayo.

Cierro los ojos,
te cuelas por el aire,
y te respiro.

Entre baldosas
una ramita verde
brota a la luz.

Tiempo parado,
única eternidad
del ser humano.

Hay en tus ojos
lágrimas enjauladas,
te abrazo y vuelan.

Me costó verlo,
ya no hay más desamor,
soy yo el que amo.

Una hogaza del horno del soneto

La misma vida que me dio estas manos
para que con las cuerdas propiciaran
sonidos que a los hombres hermanaran
en una vibración de ser humanos,

las llena hoy de rigidez y arcanos
dolores que parece que empuñaran
cuchillos fríos que al hender sajaran
la luz de mis sonidos artesanos.

Hoy quieren afinar otro lirismo
musical que en palabras se sustenta,
buscando que las saquen de este abismo

de noche oscura, fría y de tormenta,
porque no se resignan al mutismo
del pájaro cantor que las alienta.

No duerme el sol, tan sólo se aventura
por el borde del giro del planeta
y el tiempo va marcando en su veleta
ciento de luz de fuego o calma oscura.

Y en la noche el humano se procura
en el medio del mar hallar caleta
donde encontrar fondeo a su goleta
para a su caxco herido darle cura.

Sombra del sol, la noche del sol vive,
de él depende su muerte, el nuevo día
le rasgará su velo hecho de sueños.

Cuando otro son la nueva luz cultive,
el sueño apurcará su fantasía
esperando a otra noche sus empeños.

Le canta el sol su luz a la alborada
y pare al día ya la noche oscura,
cavando así su propia sepultura,
mas de su criatura enamorada.

Y al día, ya sin madre, su mirada
de niño decidido le procura
el sueño de una vida de aventura
blandiendo el corazón como una espada.

Cuando aún es eterno, en su camino
hacia el atardecer, raudo se anima
a conquistar su sueño y su utopía.

Otra noche y su lecho es su destino
y yaciendo con ella bien estima
fenecer engendrando un nuevo día.

Paso a paso la vida me transita
el camino de cada sentimiento
que habita en mí desde el primer aliento
y a descubrir su ruta ella me invita.

Que me niegue a seguirla siempre evita,
no le importa esperarme a paso lento
pues sabe bien que yo, sin su cimiento,
ni amor podré gozar ni sufrir cuita.

Pensaba que era yo quien caminaba
por la vida, sus rutas y senderos
y es ella la que en mí siempre camina

Y le muestra, llamando con la aldaba
del portón de los pálpitos certeros,
paisajes nuevos, siempre, a mi retina.

Soneto a D. Manuel Alcántara,
usando como pie forzado su verso
"volver al aire que me tuvo un día"

Ya vuelo con las alas del deseo
el aire de una carne enternecida,
el farallón en donde el ave anida
y las olas del reino de Proteo.

Las sandalias aladas de Perseo
me muestran desde arriba la avenida
de luz, calor, olor, sabor y vida
que nos dio con el fuego Prometeo.

Mi Ariadna con su hilo va trazando
un camino a través del cual accedo
desde mi laberinto a su alegría.

Y aunque yo sé muy bien que estoy soñando,
sin despertarme aún, sueño que puedo
volver al aire que me tuvo un día.

Cuando tu mirada pronuncia el verso
de la luz que no cabe en la palabra,
la fuerza de un arado viene y labra
un surco mi mirada en tu universo.

Se torna el tiempo estático, converso
a un mundo sin igual de abracadabra,
haciendo así posible que se abra
la puerta de tu vientre dulce y terso

Y así la noche entera se ilumina
con un fulgor de besos encendidos
que a quedarnos desnudos nos conminan.

Desnudos de los miedos adheridos
a la mano que por la piel camina
acariciando al fin nuestros sentidos.

Tu boca tiene el tacto de la brisa
en el calor del tórrido verano
y tiene luz el tacto de tu mano
buscando el interior de mi camisa.

Huele a sol, de tu sexo, su cornisa
que entre mis labios es placer humano,
como una filigrana de artesano
hecha con mucho amor y poca prisa.

Un festín de sabores se concentran
sintiendo en cada beso ese latido
que impulsa nuestra barca de dos remos.

Cuando nuestras miradas se reencuentran,
con tacto, gusto, vista, olfato, oído,
con los cinco sentidos nos queremos.

La vida entera cabe en este instante
que es único y fugaz, como la estrella
que surca el universo y su centella
sobrecoge en su rumbo al navegante.

Es brillo de las caras de un diamante
que apresan a la luz toda su huella.
Es, en medio del mar una botella
con mensaje de un náufrago distante.

En él caben la infancia y sus aromas,
sus deseos, sus sombras, su impotencia,
aquel niño inocente y el maduro.

Contiene, de la vida sus axiomas
y es testigo instantáneo en la conciencia,
del pasado, el presente y el futuro.

Para ti, Teresa Soldevila, que nos
haces la vida más hermosa con la
luz de tu mirada de acuarela.

El pincel en tu mano el tiempo para
y tu mirada vuela sacudida
por una vehemencia que, atrevida,
capta la luz que a la belleza ampara.

El papel a tu vista le depara
tierra fértil donde tu ojo anida
a formas y colores que enseguida
dan vida el manantial de tu almenara.

A la barca en la orilla y a la huerta,
a la parra y su sombra en el verano,
a la yaya en la infancia centinela,

a tu mesa con su ventana abierta,
a esa casa preciosa de un paisano,
le apresa el sentimiento tu acuarela.

Es la amiga más fiel de tu existencia,
del palacio del alma es contrafuerte
y en tu pleito con lo que te hace inerte
es jueza que pronuncia su sentencia.

Maestra sabia es, con su paciencia
te pone la tarea de quererte
y en el tiempo que queda hasta la muerte
es ventana que se abre a la conciencia.

Con viento fiero es hoja de palma
y en tu guerra interior con el destino,
para tu sed de paz es un aljibe.

Es luz en el amor, sabia en su calma,
tonel que da solera a tu buen vino,
es soledad, lo sabe quien la vive.

A los seres queridos que partieron

Como a la ola que a la arena ofrece
el fin de su camino en mar furiosa
la acoge el rebalaje como a diosa
y en su seno su blanca falda mece,

así ya cada ausencia que estremece
se aroma del perfume de la rosa
que adorna su virtud más amorosa
y en esa noche oscura ya amanece.

Van diciendo sirenas y delfines
adiós con su pañuelo, blanca espuma
de mar salada al viento de poniente

y un olor de arboleda y de jazmines
desde nuestras entrañas se rezuma
con la esencia vital del ser ya ausente.

Ya es tiempo de la vida ir entregando
a quien me la cedió, la propia vida,
que igual la da o la quita y, decidida,
el mar de su misterio va surcando.

Como alcaldesa sabia, dicta un bando
diciéndonos que donde el alma anida
tenga amor la llegada, la partida
y el tiempo que la vamos transitando.

No es que quiera partir, es que al sentirlo,
de paz y gratitud mi ser inunda
su elixir que además al miedo mata.

Soy agua, fuego, piedra, árbol, mirlo,
que en partos Madre Tierra es bien fecunda,
tal vez morir sea sólo una fermata.